Wilhelm Bruners

Am Rande des Tages

WILHELM BRUNERS

AM RANDE DES TAGES

Gedichte

Tyrolia-Verlag · Innsbruck–Wien

*Gewidmet der Gemeinde, mit der
ich seit Jahren am ersten Sonntag
im Monat Gottesdienst in der
City-Kirche St. Mariae Himmelfahrt
in Mönchengladbach feiere*

*Mein Dank gilt wieder in besonderer
Weise meiner Lektorin Brunhilde Steger
im Tyrolia-Verlag, mit der die
Zusammenstellung der Gedichte
viel Freude gemacht hat.*

Inhalt

vorwort

am rande des tages — zeit des übergangs.
nachtschmelze. es herrscht belagerungs-
zustand. bilder drängen herein. wortwolken,
phantasievolle gebilde, die durch den noch
nicht ganz wachen kopf ziehen, verändern
ständig ihre gestalt, treiben weiter, ver-
dunsten. ihnen folgen erste überlegungen,
konkrete planungen, reißen wieder ab und
formieren sich neu. noch ist alles in bewe-
gung. noch hat das beherrschen der sinne
nicht begonnen, es ist die zeit, in der die
poesie ihr freies spiel treibt. übermut ist
erlaubt. schmerz ist erlaubt. angst ist
erlaubt. mut ist erlaubt. gebet ist erlaubt.
und langsam wächst die erkenntnis: der
tag ist da. und mit ihm die notwendigkeit,
aufzustehen. und zu wissen: *um deinetwillen
wurde die welt erschaffen. und — staub bist
du und zum staub kehrst du zurück.* wann
wird mich heute das eine stärken, wann
das andere vor übermut bewahren. wann
werde ich je verstehen?

LICHT-

BRECHUNG

Am Rande des Tages

Die Sonne hält noch
hinter dem Berg
lässt dem Mond Zeit
sich von der Nacht
zu verabschieden

Ich warte auf SEIN Wort
für den Tag und stelle
die kindliche Frage

was hast DU alles getan
während ich geschlafen

ermutigung

noch dunkel hörst du schon
draußen die vögel singen
du bewegst die ersten glieder
und spürst das erwachende leben
noch sind die augen geschlossen

ungeordnete bilder und gedanken
erinnern dich an den gestrigen abend
an worte die hängen geblieben
an gespräche die dich lange
nicht einschlafen ließen
am ende ließen sie dich allein

jetzt füllt sich der neue tag
mit feuer und wasser
diese mischung aus
erwartung und furcht

du flüchtest in das alte buch*
und seine stummen lieder
deine augen tasten sich
von vers zu vers
bis du bereit bist
den heraufziehenden tag
mutig anzuschauen

* Bibel

Föhn am Morgen

Am Rand
der Nacht die letzten Sterne
sie wurden blind über
dem leuchtenden Firn

Du standest am offenen Fenster
und sahst gezackte Linien
noch kaum sichtbarer Felsen
manchmal hörtest du Donner
und langes Poltern

Du ahntest dass der Berg
die Last des Winters abwarf
und sich erleichterte ohne Rücksicht
auf gebahnte Wege

Dem Wanderer wächst
nun ein Tag entgegen
an dem er innehalten
und warten muss
bis der Wind
die Richtung ändert

grauer winter

das licht wollte und wollte
nicht wieder kommen
der himmel blieb grau
andere farben kannte er nicht
kurzes intermezzo im februar
dann wieder mit aller macht
das licht hinausgezögert
bis die erde nicht mehr wartete
und erste boten schickte
die dem zögernden licht
ein buntes fest bereiteten

die gnade des lichts

gott sei dank
kann keine macht
darüber verfügen

seit die tage wachsen
einen hirschsprung weit*
erhellen sich auch
meine sinne

* Beim Fest der Taufe Jesu im Januar ist das Licht schon größer
geworden – „einen Hirschsprung weit", sagten die Alten.

was wäre der februar

ohne die ersten krokusse
ohne die ersten schneeglöckchen
ohne antonio vivaldis *frühling*
und in noch kahlen ästen
die jagd der eichkatzen

kostenloses schauspiel
im parkett meines zimmers
zu barocker musik

frühlingslicht

blühen auf der ganzen linie
kein zentimeter im garten
der sich dem leben verweigert
jeden morgen vor dem licht
schon eingesungen die vögel
vorerst im selbstgespräch
bis andere antworten
am ende sind alle wach

später jagen tauben
von baum zu baum
fallen flügelschlagend
übereinander her
suchen das gleichgewicht
das ihnen zeitweise
abhanden kommt
und zeugen leben
in aller öffentlichkeit

Kinderlied

Lass dich ins Licht tragen

Sammle Farben
Sammle Düfte
Sammle die Zeichensprache
der blühenden
Schöpfung

An deiner Wiege
steht der Frühling
Er lädt dich ein
zur Weltreise ins
Tausendwunderland

auf unserem schrecklich
schönen Stern

paradiesverlust

bei erlöschendem
frühlingslicht
aufsteigende
bilder von lerchen
über eingesäten feldern
ihr gesang über mir
wenn ich kühe hütete
noch ohne elektrozaun
und immer in angst
sie würden zuviel
klee fressen und
dann krepieren

heute sind die felder
lerchenfrei und tot
und es hütet auch
keiner mehr die kühe
und wartet auf
das angelusläuten
der nahen dorfkirche
um heimzukehren

auch keine abendfreude
im stall und in der stube
über frische milch

und bald schwindet
auch die erinnerung
an lerchentriolen
über unvergifteten
       feldern

frühlingsbaum

atemberaubend weiß
hat sich der birnbaum
vor meinem fenster
eingekleidet

fingerspitzig stehen
seine zweige gegen einen
blaugefärbten himmel
keine blüte zuviel

kein gebet zu wenig

maiwetter

auf den feldern fault das heu
der himmel hat kein einsehen
und versperrt sich selbst
überall die sicht

kein wunder dass das blut
in syrischen gärten
nicht trocknet

so viele tote. soviel hass

santorin

die sonne steht hoch
        das schiff gleitet
in den schlund des vulkans
bis an die kleine mole
die braunen und schwarzen
        wände zwingen
unsere blicke in die höhe

wir hören vom aufstieg
und niedergang der inseln
wir ahnen die tragödien
der fliehenden der spurlos
        verschwundenen

der klimatisierte bus
bringt uns serpentine
um serpentine in die
menschenüberflutete
        stadt
tief unter uns das meer
ein schwarzblaues
        geheimnis

wir gehen
auf schmaler straße
            im strom
halbnackter träger
            von i-pads
deren augen punktgenau
das motiv suchen —
balkone die weit über
den abgrund ragen

auf rostbrauner erde
läuft die zeit vor und zurück
und deckt uns den tisch
mit scherben und idolen

feuersprache

Ich bin gekommen, um Feuer auf die Erde zu werfen.
Wie froh wäre ich, es würde schon brennen. (Lk 12,49)

auch die sprache hat
ihre jahreszeiten

manchmal spürst du
ihre schneidende kälte
die dich frieren lässt

erinnere dich dann
an SEINE feuerworte

schaff' mit IHM
eine sprache
die flammen schlägt

insektenschicksal

ein namenloses insekt
klebt an meinem fenster
ende einer flucht
mit tödlichem ausgang

sein letzter blick
in das chaos
meines zimmers
kein grund

weiter zu leben

stumme nachtgebete

I

aus den resten des tages
trinke ich das ungenießbare
eine medizin gegen schwermut
im mund schmeckt sie bitter
aber ihre wirkung ist beruhigend
denn was der kopf sich weigert
zu verstehen verarbeiten schluck
um schluck andere organe
ich höre auf schuldige zu suchen
für meine unerfüllten tagträume

II

am rand des tages stumme worte
ich ziehe mir meine einsamkeit
wie eine decke über beide ohren
die soviel unglaubliches gehört
schließe die tagmüden augen
und lade meine gebete ein
mich in die nacht zu begleiten
damit ich nicht ins dunkle starre
und jede orientierung verliere

III

am ende klappe ich den kalender zu
bestimme den sicherheitsabstand
und begebe mich in die ruhezone
die allem lärm den zutritt verweigert
und nur lautlosen gebeten wohnrecht gibt

novembererfahrung

mein zug schleicht sich aus der stadt
möglichst leise und besorgt es könnte
ihn jemand hören und sich dann
auf die schienen legen

jemand der sich schon lange
aus seinem müden körper
verabschiedet hat und wartet
auf den einen augenblick
und springt und fällt und ...

spätherbst

nach trockenem sommer
und nassem herbst hängen die blätter
immer noch an ihrem gestänge
längst herbstlich eingefärbt
aber sie lassen nicht los wehren sich
gegen jeden wunsch zu verschwinden
damit das bild *kahler herbstbaum*
endlich fotografiert werden kann

erst wenn schwere nachtfröste
ihnen zu leibe rücken geben sie auf
überlassen sich dem wind
und bilden einen bunten teppich
auf schon gedüngtem rasen

friedhofsgang

wenn ich über den friedhof gehe
beachte ich die gräber nicht
aber die gräser die aus ihnen wachsen

wenn ich über den friedhof gehe
beachte ich die grabsteine nicht
aber die bäume die ihnen schatten spenden

wenn ich über den friedhof gehe
beachte ich die namen nicht
aber die kinder die nach ihnen fragen

wenn ich über den friedhof gehe
beachte ich die jahreszahlen nicht
aber die rose die dem frost trotzt

erinnerung

gott ist mensch geworden
das ist auch eine jener formeln
die sich unbemerkt entfernt
aus dem kreis des sagbaren
und nur noch auf dem papier
teurer weihnachtskarten
ein zuhause hat

wenn sie mich erreichen
zünde ich eine kerze an
singe lieder alter meister
lese vom verfolgten kind
und seiner glücklichen rettung

und wünsche mir
gerettete kinder
auch in unserer zeit

In jenem Jahr

Erinnerung an einen weihnachtlichen
Gang nach Bethlehem

Wir gingen

gegen den kalten Regen

Wir sahen nur einen Stern

Der musste genügen

Wir gingen

      Die Nacht war groß

Bethlehem kam uns nicht entgegen

Eingemauert wartete die Stadt

      auf unser Kommen

Mit durchnässten Gebeten

betraten wir gebückt

die erleuchtete Basilika

Weihrauchschwaden betäubten

      unsere Sinne

Wir beugten die Knie in der Höhle
Wir legten die Hand auf den Stern
Wir traten zur Seite und schwiegen

Und es geschah

Dass die Nacht sich zurückzog
Dass der Regen eine Pause machte
Dass die Taxifahrer freie Fahrt hatten

Dass wir dem Wunder wieder glaubten

Bis du siehst

Nacht hat sich
auf meine Krippe
gelegt

Im Dunkeln
schweigt das Leben
träumt Licht

und wird
nicht müde
zu wachsen

bis du siehst
und glaubst

Blickwechsel

Solange die Welt
noch mit den Augen
einer Mutter
und eines Kindes
angeschaut wird

hat das Leben
eine Chance
und der Friede
einen Anwalt

KREUZ

UND

QUER

gottgespräch

wir saßen auf der terrasse des cafés
er verrührte langsam den zucker
steilschwarz der dom uns gegenüber

wenn ich gott denke, sagte er
fällt mir die klofrau ein
im untergeschoss
tag für tag im untergeschoss
denke ich an das kurze gespräch
an ihre wachen augen

da blickte mich doch gott an
sagte er

oder

geteiltes leben

tatsächlich. jetzt hab' ich's
selbst gesehen:
er teilt die kommunion
            mit seinem hund
anschließend küsst er ihn
auf die feuchte schnauze

still liegt der hund
genießt die nähe
seines herrn

als der römische kaiser …

sich als gott verkleidete und seine priester
dieses blasphemische spiel mitspielten
— die wahrheit opferten sie zuerst —
wurde im süden syriens ein kind geboren
das ganz andere versprechen erfüllte
von denen kaiser nichts wissen wollen

sein leben war zunächst wenig aufregend
bis es mitten im wasser des jordan
— einem dreckigen fluss schon damals —
ein ende fand und er aus rissigem himmel
das lang ersehnte geistwort hörte

geliebt

seitdem sprach er gegen die angst
vor gott und menschen und zeigte
respekt vor friedensaktivisten und
barmherzigen mit kleinen und armen
er fand freude am sturz der großen
wenn er sich erinnerte an das lied
das die muttermagd sang vom ende
des hungers und der männergewalt
die jederzeit in häuser drang und
an sich riss nach lust und laune

das konnte er

mit jedem stück brot
das er teilte
sich selbst schenken
weil er glaubte und liebte
weil er gemeinschaft
mit menschen suchte
weil er sein leben
in ihnen wiederfand
weil er ICH-BIN
sagen konnte
weil er mit uns
weinte und feierte
mit tränen in den augen

weil er einer von uns wurde
weil er sich nicht
vor uns schützte
weil er bruder wurde
und das keine lüge war

das kann er immer noch:
unsere tränenspur ins licht führen
und mit uns auferstehen ins leben

ins unzerstörbare

Atemraum Wort

zugesprochen
im Freund-Du
und frei
von Zweifel

Was bleibt

Ich werde vergessen

die unfreundlichen Blicke
der Wächter auf dem
Haram

das Gezeter der Popen
in der Grabeskirche

die kalten Augen
der Soldatinnen
an den Grenzen

Ich werde behalten

die Dachkammer
bei Eva Avi Yona
in der die deutsche Sprache
ein Zuhause hatte

die mutige Geschichte
der Verteidigung von
Dahers Weinberg
auf dem Weg nach Hebron

und die Gedichte
der Vertriebenen
und Fliehenden
als in Deutschland
die Sprache zu lügen
begann

kleriker. selbstherrlich

sie nennen die kirche ihr eigen
sie widersprechen im alltag der rede
die sie sonntags im mund führen
sie missbrauchen das wort gott
um sich vor menschen zu schützen
sie umrunden sich selbst
und verprassen den rest der bleibt

sie hinterlassen tote kirchen
und geben der welt die schuld

reformierte

immer schon viele kinder im schoß
manche spätgeburt nicht anerkannt
zeugung außerhalb des gesetzlichen rahmens

die formulare fehlten

erwachsen geworden ließen sie sich
den glauben nicht mehr vorschreiben
ab und zu meldeten sie sich und prüften
ob die älteren geschwister schon reif
für ein gespräch an einem tisch
an dem alle platz haben und keiner
sich über den anderen erhebt

unauslöschlich schön

manchmal sehe ich tiefer
und ahne ein licht
unauslöschlich schön

vor einem brennenden
dornbusch
stellte mose die frage:
was steckt dahinter

vor einem liebenden
menschen
stelle ich die frage:
wer schenkt ihn mir

einen blinden führen

berührung an der schulter. meist
zwischen uns ein stoff. selten hand
in hand. der abstand lässt uns
schritt halten auf dem weg
der uns entgegenkommt. das ohr
an der schale der dinge. von dir
zu mir das wort. und wieder
zu dir. es lässt mich sehen
wo du wohnst hinter dem licht

Neue Zeit

Nimm die neue Zeit
ins Gebet
sie hat es nötig

Keineswegs sind
die herrschenden Götzen
menschlicher als der
alte Gott vom Sinai

Immerhin sagte ER
— in nur zehn Worten —
wo's lang geht. Und
wenn ER Unrecht sieht
schaut ER nicht weg

Denk' ich
an Frau WEISHEIT
hasse ich
meine Gleichgültigkeit
und das Gerede
von den Zwängen
der Märkte

Vor den medialen Lügen
lese ich SEIN
oft ungehörtes WORT
von der Solidarität
mit den Hungrigen
Und bitte um Einsicht
und die Brotration

die für diesen Tag

Bischofswahl

Gewählt
      Gewählt von wem
Wer wählte die Wähler

Wer wurde gefragt

Wer fragt die Auserwählten
      in Taufe und Firmung
      die von Gott Gesalbten

Wer wurde gewählt

Wer hat den Mut
den steilen Weg nach unten
      zu wählen
Wer geht an der Seite
      der Suchenden
Wer tritt in den Kreis
      der Glaubenden
      Hoffenden
      Liebenden
      Unten
Ganz unten

      Wer

aschermittwoch

um deinetwillen wurde die welt erschaffen
mit diesem mystischen wort steigst du
in den höchsten himmel

staub bist du und zum staub kehrst du zurück
mit diesem wort fällst du in die tiefen der
erde

und dazwischen spielt dein leben
zwischen himmel und erde
deine gestundete heimat
für die zahl deiner irdischen jahre

Hans Küng*

Im Rollstuhl der kleine
zerbrechliche Mann
ein Großer des Denkens
Widerstandskämpfer
im römisch-katholischen Knast
Nicht müde geworden
an Konzil und Freiheit zu erinnern
Visionär eines Weltethos

Helfende Frauenhände
begleiten dich zum Fest
des zwanzig Jahre Jüngeren**
wir bilden Spalier
applaudieren
der eigenen Theologie
er lächelt

er ist angekommen
bei uns

* geb. 19. März 1928
** Karl-Josef Kuschel

auferweckung

Jesus sagte zu ihr: Maria! Da wandte sie sich um und sagte auf
Hebräisch zu ihm: Rabbuni!, das heißt: Meister. (Joh 20,16)

ich habe dich gesucht
DU hast mich gefunden
meine tränen
machten mich blind

DU hast mir
die augen geöffnet
da sah ich den gärtner
DU hast mir
das ohr geöffnet
da hörte ich
meinen namen
da war ich
neu geboren

deine liebe drängt mich
zu denen die noch
todesbeschattet

ich öffne ihr grab
und rufe sie heraus
DU atmest dich
in sie ein
da leben auch sie

kirche in not

I

das pfarrhaus seit einiger zeit leer
ein neuer priester nicht in sicht
sonntags kommt manchmal einer
von außen und spricht wandlungsworte
gott sei schließlich in jesus mann geworden
sagt sein bischof und darum
gäbe es keine priesterinnen
nie und nimmer betont er
und jedermann sieht ihm an
wie unerlöst er ist und traurig
weil ihm noch keiner die türe gezeigt
zu einer lebenslänglichen freiheit
in der nicht mehr gilt frau oder mann

II

gott lange nicht mehr getroffen
früher sahen wir uns häufiger
im sommer an der ecke im eiscafé
ich stand in der schlange und
wartete ungeduldig auf das hörnchen
sie stand hinter der theke und trug
ein kopftuch damit ihr graues haar
nicht in eine der schüsseln fiel
wenn sie großzügig mehr gab
als ich erwartete und bezahlte

jetzt ist sie nicht mehr da
und ich kann mich nicht mehr
mit ihr streiten
über die heutige jugend
die ihrer meinung nach
ganz patent ist

III
unter dem jubel der orgel
ziehen ministranten ein
und verteilen sich auf ihre plätze
der bischof schreitet feierlich
um den altar mit räucherschale
und beginnt ein altes zeremoniell
mit vorgeschriebenen worten
die kirche der ämter und würden
setzt auf ästhetik und augenweide
von hunger nach gerechtigkeit
und tischgemeinschaft aller
ist da nur wenig die rede

Verteilung der Flüchtlinge

Ihr Handy: ein letztes Band in ihre Heimat
Von Afrika setzen sie über ans europäische Ufer
betrogen um ihr Geld und ihre winzige Hoffnung
in lecken Booten dem Tode näher als dem Leben

Gerettet tragen Schiffe sie an Land
Und plötzlich sieht man sie in Parks
auf grünem Rasen oft Kinder noch
arbeitslos mit schlechtem Deutsch
Wohin verteilt man so viele Menschen
die keiner gewollt noch hergerufen
ihre Namen Zungenbrecher. uns fremd

Jahr um Jahr warten sie auf ihre Anerkennung
im Land der Vollbeschäftigung
und wissen nicht ob ihr Unglück
sie endlich flieht und einer sagt
mit Brief und Siegel

bleib hier – sei willkommen

verkehrte welt

hänsel streute brotkrumen
um wieder nach hause zu finden
heutzutage legen väter landminen
damit keiner mehr heimfindet

später sammeln weiße vögel
mit mundschutz den tod auf

woher weht der wind

(Ingeborg Bachmann)

I

rom wollte den menschen den blick
in ihre erbärmlichkeit ersparen
trieb sie aber mit der religion
mitten in sie hinein
denn das machtgerangel
in kirchlichen verwaltungszentren
zeigt die erbärmlichkeit der religion

nirgendwo auf der welt
ist die vormachtstellung der priester
und prälaten so augenfällig
wie an römischen altären
vergessen ist das volk gottes
das priesterlich, königlich, prophetisch
keiner würdegabe mehr bedarf

II

gut maskiert die menschliche erbärmlichkeit
unter marmor und silber und gold
nur die anfänge wussten vom schrecken
vor löwen in kaiserlichen arenen
um das schnelle verscharren der zerrissenen
an irgendeiner mauer mit ein paar graffiti
die viel später zum streit der wissenschaftler
führten

morgengebet

gott

jeden morgen
dein name
unaussprechlich
das kleine kalenderblatt

ich lege es zu den akten
die ich täglich
mit mir herumtrage

und lese es
wieder und wieder

gottbuch

es ist da
das kleine liegt
in meinen händen
es wiegt leicht

ich schlage es auf
und entdecke sofort
einen fehler

und lerne
die erste lektion:
jede schreibe
über gott

fehlerhaft

kreuz und quer

Denn das Törichte an Gott
ist weiser als die Menschen ... (1 Kor 1,25)

mal von oben

mal von unten

mal von links

mal von rechts

immer aber quer

zu allen straßen

die ins leere laufen

immer kreuzquer

die hoffnung

gegen den leerlauf

der resignation

immer der weg

in die göttliche

         poesie

Urbeuge vor den Kleinen

Für C. B.

Auch der brutalste Herrscher
beugt sich irgendwann im Leben
über ein hilfloses Kind
in Bett oder Wiege
Es ist die Urbeuge des Großen
vor dem Kleinen

Es ist die Verbeugung Gottes
vor dem Menschen

Kirchenheil

Im Krankenhaus ist alles erlaubt
was den Kranken gut tut
führte der Bischof aus
als er gefragt wurde, er
der sonst eher Grenzen setzte
antwortete patientennah
und menschenfreundlich

Da die Kirche derzeit
einem Lazarett* gleicht
in dem die Ärzte kränker
als die Patienten sind
ist die private Ambulanz
ständig unterwegs
und leistet erste Hilfe
den Ängstlichen und
Gefangenen in den
Fesseln kirchlicher
Bevormundung

Und in verklebte Ohren
tönt ein Wort der Ermutigung
Gott hat uns nicht einen Geist
der Feigheit gegeben
sondern der Kraft und Liebe
*und Mäßigung***

* Papst Franziskus
** 2 Tim 1,7

**Seid unzufrieden
und wehrt euch …**

Seid unzufrieden und wehrt euch,
wenn sie euch mit frommen Reden
beruhigen wollen
Seid unzufrieden und wehrt euch,
wenn sie von euch zweifelsfreien
Glauben verlangen
Seid unzufrieden und wehrt euch,
wenn sie von euch blinden Gehorsam
auf ihre Dogmen fordern
Seid unzufrieden und wehrt euch,
wenn sie Entscheidungen über eure
Köpfe hinweg fällen
Seid unzufrieden und wehrt euch,
wenn sie euch einen Platz am
„Tisch des Herrn" verweigern
Seid unzufrieden und wehrt euch,
wenn sie behaupten,
Jesus berufe heute nur unverheiratete
M ä n n e r zum Priestertum
Seid unzufrieden und wehrt euch,
wenn sie euch als Frau den Altar verweigern
Seid unzufrieden und wehrt euch,
wenn sie euch vor Eros und Sexus warnen

Seid unzufrieden und wehrt euch,
wenn ihr selbst feige Kompromisse eingeht
Sei unzufrieden und wehr dich,
wenn du in Fülle lebst,
aber der größte Teil der Menschen mit dem
Rest leben muss

II
Seid beziehungsreich in eurem Miteinander,
es trägt euch in schweren Zeiten
Seid stolz auf eure Begabungen,
sie helfen anderen
Seid froh in eurem Lachen,
es leuchtet in der Welt
Seid barmherzig mit euch selbst,
das vertreibt die Bitterkeit
Seid offen in eurer Trauer,
sie schenkt Gemeinschaft
Seid anspruchsvoll in eurer Hoffnung,
sie stärkt den Willen zur Veränderung
Seid drängend um Segen,
denn diesen Segen braucht unsere Zeit
Lasst Menschen in eurer Nähe Freundschaft
erfahren,
denn danach sehnen sich viele

Ich will lieber mit Papst Franziskus irren,
als mit allzu Sicheren Recht haben. (W. B.)

**Antwort auf sechs Bischöfe
und einen Kardinal**

Wo das Kirchenrecht herrscht
findet kein gemeinsames Mahl statt
die Plätze nur für Zugelassene
die Brote dünn und der Wein
allein Priestern vorbehalten
Wo der CIC herrscht bleiben
die Plätze der Geschwister leer

Aber das Gesetz ist ein Zaun
mit vielen Löchern
mit Ein- und Ausstiegen
durch die schon lange
ein lebhaftes Geben
und Nehmen geschieht

Gefeiert wird an Tischen
ohne Platzkärtchen

Und außerhalb des Zaunes
fragt keiner nach
deiner Confession

hauskirche

in ihrem haus
in dem sie kinder
und enkelkinder
großgezogen
und erwachsen
entlassen

trifft sich jetzt
die kleine gemeinde
der lebendigen
die nicht zulassen
dass der nazarener
vergessen wird

Sylvester

In Kriegen erstickt die Zeit
im müden Grau des Winters
Das Leben von Kindern
sei weltweit in Gefahr
        meldet Unicef
Als Schutzschilde würden
sie gebraucht von Mördern
ihrer eigenen Völker

Die Jahre waren gezählt
als Hoffnung in uns wuchs
        auf Friedenszeiten
Vorbei Versöhnungsrituale
        Fassaden ohne Tiefe
vorbei die Illusion in Staaten
regierten nur die Besten
vorbei die Vision von Völkern
abgerüstet ohne Waffen
Ohnmächtig klein ein Licht
der weiße Mann in Rom
mit liebend alter Stimme
der Wohnungslosen Duschen
und Frisöre gibt
und einen Schlafsack für die Nacht

Er weiß was Menschen
brauchen wenn sie frieren
und zieht die Konsequenz
und schenkt und deckt
          den Tisch

Bei Gott und Temperaturen
          unter Null
vergisst er Obdachlose nicht
die keinen haben der sie
in die Arme nimmt

und wärmt

Dezemberfrage

Sind's gute Kind, sind's böse Kind? *
diese Frage verbietet sich vor dem Kind
das in einem Stall zum Wort kommt
und uns staunen lässt
über soviel Himmel auf Erden

* Theodor Storm, Knecht Ruprecht

LEBENS-

ZEICHEN

Entgegengesetzt

Es gibt einen Plan sagte mein Vater
und zeigte auf die Gebrauchsanweisung
Aber das Kind wollte nicht nach Plan spielen
Es wollte seine Bilder bauen
auch wenn das Material nicht ausreichte
weil der Baukasten unvollständig
alt und oft vererbt war

Ungeduldig nahm der Vater die Teile
in die Hand und baute einen Turm
derweil das Kind mit bunten Stiften
der Mutter Blumen malte

notwendige räumung

mein hirn räumt auf
jeden morgen sind
weitere regale leer
intensive nachtarbeit
vergessen ganze wälder
ganze straßenzüge
die menge der namen
eine allerheiligenlitanei
          ausgelöscht
lückenreich mein erlerntes
in leben und schule
und doch wüsste ich gerne
wo der nächtliche räumdienst
den erinnerungsschrott lagert
denn im entsorgten müll
bluten noch unverheilte

wunden

wer seinen engel entlässt …

darf sich nicht wundern
wenn ihn der teufel holt
lärmend in seinem innern
denn der teufel
ist wie ein kind im keller
das seine angst übertönt
mit lauten gesängen
oder nach der mutter schreit
wenn es dunkel wird

Lebenszeichen

Nach der Lektüre einer Geburtsanzeige

Und wieder höre ich
Nachrichten mit
anderen Ohren
Ich erweitere den Horizont
um ein noch unbekanntes
Sternbild und lerne
eine neue Sprache

Und um Himmels willen
soll keiner dem Kind
die Worte im Mund

verdrehen

gereimt

bau ein neues lebenshaus
wurde mir empfohlen
aus dem alten ziehe aus
bald auf festen sohlen

spül die letzten gläser aus
lass die messer liegen
schließ die fenster in dem haus
gegen läst'ge fliegen

draußen spür die frische luft
die die lungen stärkt
und der freiheit herben duft
den du jetzt erst merkst

setze dann den ersten schritt
in die neue zeit und welt
nimm die große freiheit mit
leb mit ihr in buntem zelt

wo die poesie
ihr zelt aufschlägt

mitten zwischen silben und wörtern
wurzeln meine gedanken und entwürfe
manche versteigen sich in schwindelnde höhen
andere verkümmern an innerer trockenheit
stille versuche um die ich wenig lärm mache
bruchstücke erblicken das licht der welt
und gelangen bis zum papierkorb
dort überleben sie bis zum nächsten putz

andere wachsen ohne mein zutun
als schriebe etwas durch mich hindurch
da wo ich hinter dem wort zurücktrete
hat die poesie ihr zelt aufgeschlagen

Freundschaft

Das Fremde im Anderen
        verkraften
Den ungestillten Rest
        bejahen
Die Droge des Totalen
        eintauschen
gegen das köstlichere
        Fragment

Agent werden
        nicht Patient

Mütter

Wer das Leben
            wie sie
in die Welt trägt

muss vor der Welt
nicht mehr die Augen
            verschließen

sie sind zur Mitwisserin
des Himmels geworden

letzter spaziergang

Für M. B.

beim erwachen der geschmack
        von oktober im mund
ich erinnere mich sofort
an unseren letzten spaziergang
ich sprach mit dir über freundschaft
und wie verlässlich sie denn sei
wenn einer zurückbleibt
du zitiertest johannes 14
ich bin der weg und die wahrheit und das leben
wir fragten nach dem gewicht dieser worte
und ob wir das auch sagen können

die dunklen signale des körpers
wolltest du ab jetzt ignorieren
um nicht mehr in die sklaverei
der ärzte und ihrer chemie
        zu geraten
das leben sei nicht niederlage
oder sieg sagtest du
        es sei ein gedicht
ein dunkler weg von wort zu wort
und bliebe eine unvollendete biographie

auch danach ...

gestolpert. gefallen

vor der türe der kirche
gestolpert gefallen

zwei monde verschnürt
behindert halb angezogen
auf hilfe angewiesen

schmerz und auflehnung
zwischen den wänden der nacht

am morgen flügelschlag des engels
erfahrung von freundschaft

es bleibt die wunde
das innenauge weint

ende eines seminars

die letzten worte
haben die teilnehmer
eingepackt
die stühle stehen quer
eine kerze brennt noch
und erzählt erlöschend
von der letzten meditation

draußen lärmen schon
staubsauger und
ziehen alles ein
was unerledigt liegenblieb
du bist noch geduldet
für eine kurze zeit

und mit dem schlüssel
eingeworfen in den kasten
entsorgst du auch
den rest des auftrags
der dich hierher gelockt

telefonhäuschen

damit keiner ein wort verstand
redeten wir gegen die wand
damit uns keiner sah
standen wir mit dem rücken
zur welt die darauf wartete
dass wir endlich den hörer auflegten
und aus der zelle traten
auf unserem gesicht noch
tränen über den zerplatzten
traum oder erleichterung
endlich wieder frei zu sein
von zu lange festgehaltenen
                    illusionen

Begegnung in der S-Bahn

Gott trug einen grauen Mantel
grau war auch die Stadt
und grau waren
meine Gedanken

Ein roter Fleck
im Meer der Gleichtönigkeit
waren deine vollen Lippen
die du noch nachzogst
sie gaben deinem
müden Gesicht

leuchtende Würde

erinnerungen

die einen melden sich nie wieder
die anderen kommen jeden tag

die einen zeigen finster ihr gesicht
die anderen schweigen ohne frage

die einen schlafen tief und fest
die anderen finden keine ruhe

schatten der erinnerung
gebetene und ungebetene
kommen zum nachtessen
später wenn du dich erhebst
wischen auch sie sich
über den satten mund
und begleiten dich
in die nacht

sprachlose zeiten

über die großen wortfelder
bis an die wurzeln abgemäht
zieht ein sprachgewitter
das in seiner stärke überrascht
ich phantasiere eine scheune
die schutz gibt vor blitz und schauer
mag jetzt kommen was will

aber was soll schon kommen
in diesen sprachlosen zeiten

hohes alter

in deinem gesicht
gefleckte Haut
abgründige linien

sie erzählen mir
von vielen leben
die du leben
musstest

du wurdest
nicht gefragt

aber in ihnen
lese ich auch
den liebesbrief
an die vielen jahre
in unserer mitte

abschied

ich blicke
meinen gedichten nach
sie verlassen mich
wenn die zeit gekommen
ich weiß nicht
wem sie in die Hände fallen
und was aus ihnen wird

meiner kontrolle entzogen
leben sie ohne mich weiter

irgendwo

nachwort

wieder am rande des tages — zeit des
übergangs. tagschmelze. der belagerungs-
zustand nimmt ab. das tagesmuss verliert
seine kraft. die dunkelheit wächst. die zeit
der künstlichen lichter beginnt. vieles unklar.
brüchig. unvollendet. und doch auch einige
unfrisierte gedanken. tiefere einsichten.
verzicht auf ein urteil über ... hilflose ver-
suche zu begreifen. für das meiste genügt
barmherzigkeit. nichts als barmherzigkeit.
das andere wort für g'tt. bei allen und öku-
menisch unverdächtig. aus der tiefe des
tages geht dir noch der tränenbrief nach.
ein abschiedsbrief für lange zeit. dann aber
auch das geräusch tickender uhren, die ihre
stunde schlagen. sie sind dir wieder davon-
gelaufen. oder liefst du in die gegenrichtung
und verlorst die orientierung. du suchtest
vergeblich eine heimat für das noch unge-
lebte in dir. den u-topischen ort für deine
visionen. nach den verstörenden nachrichten
vom tag sitzt du noch lange und wartest.
betest. hörst in die nacht bis dir die augen
zufallen und hinter ihren lidern das licht
erlischt. *alles hat seine zeit.*

Weitere Bücher von Wilhelm Bruners
im Tyrolia-Verlag:

Zuhause in zwei Zelten
Gedichte und Reflexionen. Ein spirituelles Lesebuch.
Mit einer Einführung von Karl-Josef Kuschel, 2017

Niemandsland. Gott
Gedichte und Meditationen, 3. Auflage 2017

Nachhaltige Produktion ist uns ein Anliegen; wir möchten
die Belastung unserer Mitwelt so gering wie möglich halten.
Über unsere Druckereien garantieren wir ein hohes Maß an
Umweltverträglichkeit: Wir lassen ausschließlich auf FSC®-
Papieren aus verantwortungsvollen Quellen drucken,
verwenden Farben auf Pflanzenölbasis und Klebestoffe
ohne Lösungsmittel.
Wir produzieren in Österreich und im nahen europäischen
Ausland, auf Produktionen in Fernost verzichten wir ganz.

Mitglied der Verlagsgruppe „engagement"

2020
© Verlagsanstalt Tyrolia, Innsbruck
Umschlaggestaltung: stadthaus 38
Layout und digitale Gestaltung: Tyrolia-Verlag
Druck und Bindung: FINIDR, Tschechien
ISBN 978-3-7022-3836-0
E-Mail: buchverlag@tyrolia.at
Internet: www.tyrolia-verlag.at